Unterwalden
Obwalden
Sarnen
Altdorf
Engelberg
Titlis
Sustenpass
Meiringen
Brienz
Brienzer See
Interlaken
Thun
Steffisburg
Spiez
Grindelwald
Lauterbrunnen
Frutigen
Adelboden
Kandersteg
Eiger
Mönch
Jungfrau
Finsteraarhorn
Aletschhorn
Grimselpass
Furkapass
Andermatt
Oberalppass
Disentis/Mustér
Pso. del S. Gottardo
Airolo
Bedretto
Nufenenpass
Münster
Blinnenhorn
Goms
Fiesch
Ernen
Lötschental
Bietschhorn
Leukerbad
Leuk
Sierre
Salgesch
Turtmann
Visp
Brig
Naters
Simplonpass
Monte Leone
Wildstrubel
Stalden
St. Niklaus
Saas Fee
Saas Grund
Zermatt
Weisshorn
Dom
Allalinhorn
Strahlhorn
Matterhorn (Mte. Cervino)
Dent Blanche
Dent d'Hérens
Breithorn
Dufourspitze
Monte Rosa
Macugnaga
Domodóssola
Villadóssola
Val Vigezzo
Centovalli
Locarno
Ascona
Brissago
Muralto
Minusio
Valle Maggia
Ticino
Bignasco
Cevio
Luino
Cannóbio
Verbánia
Intra
Pallanza
Stresa
Laveno
Omegna
Lago d'Orta
Lago Maggiore
Arona
Sesto Calende
Gavirate
Varese
Lago di Varese
Gallarate
Busto Arsízio
Legnano
Somma Lombardo
Borgomanero
Gozzano
Varallo
Borgosésia
Biella
Cossato
Gattinara
Ivrea
Aosta
Châtillon
Verrès
Pont-St-Martin
Gressoney
Valle d'Aosta
ITALIA
Ornavasso
Gravellona Toce
Premosello
Vogogna

Wo die Alpen
am höchsten sind

Wo die Alpen am höchsten sind

Montblanc, Wallis, Aostatal

Text:
François Labande

Photographien:
Jérémy Balcam
Michel Ferrer

Übersetzung aus dem Französischen:
Ute Parzich

Fink-Kümmerly + Frey

Mit fast 6000 Meter Höhe stellt der Elbrus auf der Nordseite des fernen Kaukasus den höchsten geographischen Punkt der Alten Welt dar. Das »Dach Europas« jedoch befindet sich nach Ansicht des Normalsterblichen auf dem Montblanc, im Herzen der Westalpen. Etwa hundert Kilometer ostwärts liegt sein Pendant, der Monte Rosa. Diese beiden Giganten aus Eis und kristallinem Gestein repräsentieren die von unseren Ahnen gefürchtete hohe Bergwelt. Das Reich des ewigen Schnees wacht über den Almen und Matten Savoyens, des Wallis und des Aostatals, wo sich die Bergbewohner geduldig die Grundlagen für ein karges und gesundes Leben geschaffen haben. Die Wildbäche dieser hochalpinen Regionen fließen durch tiefe Täler der Rhone, der Isère und der Dora Baltea zu.

Seit mehr als einem Jahrhundert gehört Savoyen zu Frankreich. Das Gebiet des Montblanc erstreckt sich lediglich über Nordsavoyen. Allein die herrliche Granitkette des Montblanc zieht über das Arvetal den größten Teil des aus dem Bergsteigen hervorgegangenen Sommertourismus an. Ringsherum, vom Chablais bis zum Beaufortin, bildet ein Kranz von Bergmassiven – leichtfertig als zweitrangig bezeichnet – dem Montblanc ein Ehrenspalier. Savoyische Voralpen, kalkhaltige Hochalpen und einzelne kristalline Reste bieten dank mäßiger Höhe und differenziertem Klima günstige Voraussetzungen für ein harmonisches Nebeneinander von sattgrünen Almen und dichtem Buchen- und Fichtenwald, aus denen der Mensch Bär, Luchs und Wolf verjagt hat. Im Genfer See und im Lac d'Annecy spiegelt sich die Schönheit der Voralpenlandschaft.

Auf der italienischen Seite breitet die autonome Region Aostatal am Innenrand des Alpenbogens ihre natürlichen Reichtümer aus. Gleich einem pflanzengeschmückten Teppich liegt sie den Massiven des Montblanc, der Walliser Alpen und des Gran Paradiso zu Füßen. Ein Spinnennetz aus angrenzenden Tälern ermöglicht einen bequemen Zugang zum Hochgebirge. Die ersten Bewohner siedelten sich im Aostatal in der mittleren Jungsteinzeit an. Als erste Menschen, die den Paß des Großen Sankt Bernhard überquert haben, waren sie Wegbereiter. Heute ist man in diesem tiefen Tal sehr darauf bedacht, wenigstens einen Hauch von Stille und Frieden zu bewahren. Nach dem Scheitern ihrer Bewerbung für die Olympischen Spiele des Jahres 2002 wehren sich die Aostataler verzweifelt gegen zerstörerische Autobahnbauten.

Entlang der Rhone erstreckt sich der Kanton Wallis, ein Landstrich der Gegensätzlichkeiten: Berner Alpen im Norden, Walliser Hochalpen im Süden; französisch im Westen und alemannisch talaufwärts ab Sierre (Siders); das rechte Ufer ist sonnendurchflutet und von Weingärten überzogen, das linke dagegen düster und von tiefen Einschnitten geprägt. Vom Nanztal an der Grenze der Tessiner Alpen bis zur Trienter Gegend (westlich von Martigny) spannt sich ein kühner Bogen. Das Wallis, das erst spät, im Jahre 1815, der Schweizerischen Eidgenossenschaft beitrat und lange Zeit nur den einfachen Status eines Partnerkantons hatte, fühlt sich weiterhin einer soliden Tradition der Unabhängigkeit verpflichtet. Die Gegensätze zwischen dem Hochgebirge und der Ebene des Rhonetals faszinieren den Reisenden, das Wallis profitiert indessen von einer außergewöhnlichen Klimakonstante: seiner Sonneneinstrahlung.

Woher kamen eigentlich die ersten seßhaften Bewohner der Gebirgsstöcke? Die ersten primitiven Gemeinschaften ließen sich in der Jungsteinzeit, um 3000 vor Chr., nieder. Sie überquerten die Pässe und bahnten der römischen Besetzung den Weg. Dann unterwarf Kaiser Augustus alle Alpenvölker. Die alten keltischen und ligurischen Kulturen gingen unter. In den darauffolgenden Jahrhunderten jedoch brachen weitere, von Norden kommende Völker zur Eroberung der Alpen auf – Alemannen, Burgunder und

Lombarden. Während des gesamten Mittelalters, einer Epoche des ständigen Wechsels zwischen Öffnung und autarkischem Rückzug, stellte sich eine Stabilisierung ein. Seitdem prägte die römische Kultur das Leben fast im gesamten Westalpenraum.

Die Neuzeit ließ eine veränderte geopolitische Lage entstehen. Geschwächt durch interne Kämpfe mußten die Feudalstaaten den Kräften der Monarchie Platz machen: Der Alpenraum öffnete sich von neuem, was zunächst nicht sehr von Vorteil war. Die von den französischen Königen geführten Italienkriege und die religiösen Bruderkriege fielen mit den großen Pestepidemien des 17. Jahrhunderts zusammen. Die Bevölkerung wurde dezimiert, geriet aus dem Gleichgewicht und schließlich wurden ihr selbst die letzten Reste von Eigenständigkeit entzogen. Auch die Natur tat ihr übriges, indem sie das vom Ancien Régime verursachte, menschliche Elend durch die extremen klimatischen Bedingungen einer »kleinen Eiszeit« noch verschlimmerte. Trotz zeitweiser oder endgültiger Auswanderung ist jedoch während dieser Zeit innerhalb der Talschaften eine Konsolidierung von Gedankengut, Kultur und Sprache festzustellen.

Die Französische Revolution und die Expansionspolitik Napoleons I. beschleunigten die Einbindung der Alpenregionen in zentralistisch strukturierte Staaten. Der Widerstand gegen die revolutionären Grundwerte betraf insbesondere die Schweizer Alpen. Dennoch haben sich die neuen Ideen erst zaghaft, dann endgültig durchgesetzt, und das Wallis trat der Eidgenossenschaft bei. Das große Ringen um die nationale Einheit, das Frankreich und Italien erschütterte, endete 1860 in einer neuerlichen Aufteilung. Sie wurde im besten Stil eines diplomatischen Tauschgeschäftes betrieben und von Napoleon III. folgendermaßen gerechtfertigt: »Angesichts der Umgestaltung Norditaliens, die einem mächtigen Staat alle Alpenpässe überläßt, war es im Hinblick auf die Sicherheit unserer Grenzen meine Aufgabe, die französischen Seiten dieser Berge zu fordern.«

Wie hat Chamonix Anfang des 19. Jahrhunderts ausgesehen? Im Jahre 1823 feierte diese kleine Priorei die Gründung der ersten Bergführer-Gesellschaft. Der Bergtourismus hatte in Chamonix dank der Anziehungskraft des Montblanc begonnen, seit zwei Engländer im Jahre 1741 das »Mer de Glace« betreten hatten. Chamonix war damals nur ein kleiner ländlicher Marktflecken. Der Lebensrhythmus wurde von den landwirtschaftlichen Jahreszeiten bestimmt; Ackerbau und Viehzucht als Haupterwerbszweige sicherten den Lebensunterhalt. Doch seit der Erstbesteigung des Montblanc haben sich die Lebensgewohnheiten geändert. Einige in den größten Bauernhäusern eingerichtete Hotels florierten. Diese Veränderung machte sich zunächst nur im Gedankengut bemerkbar und brachte nichts anderes ins Wanken als die Zeiteinteilung der ehemaligen Kristallsucher.

In Zermatt eröffnete das erste Hotel im Jahre 1838, und so gut wie nichts hatte sich bis 1860 geändert, als der junge englische Zeichner Edward Whymper das Matterhorn entdeckte. Fünf Jahre lang versuchte Whymper mit großer Beharrlichkeit, diesen »wunderbaren Steinhaufen« zu besteigen (um einen Ausdruck Gaston Rébuffats zu verwenden). Am 14. Juli 1865 setzte Whymper endlich zusammen mit seinen sechs Begleitern den Fuß auf den Gipfel. Vier von ihnen sollten nicht lebend zurückkehren. Dieses geschichtliche Ereignis löste die touristische Entwicklung in Zermatt aus. Der Bau einer Bahnstrecke erfolgte 1891 und die Gründung einer Bergführer-Gesellschaft 1895. Es bedurfte jedoch der Erstbesteigung des Matterhorns, um sich der bereits 1855 erfolgten Bezwingung des Monte Rosa zu entsinnen.

Courmayeur schmiegt sich auf der Seite des Aostatals an den Fuß des Montblanc. Auch hier organisierten sich im 19. Jahrhundert die Bergführer. In diesem Tal französisch-provençalischer Mundart hinkte die Entwicklung des Tourismus hinter Zermatt und Chamonix her, die sich damals um den Titel »Hauptstadt des Alpinismus« stritten. Vor den Erschütterungen der Weltkriege lebten die Aostataler, stolz auf ihre Abgeschiedenheit, argwöhnisch und vorsichtig. Von dieser Abwehrhaltung zeugt der Kranz aus aneinandergereihten Burgen zu beiden Seiten der Dora Baltea. Erst im Jahre 1919 gab es im Aostatal mehr neuerbaute Hotels als mittelalterliche Trutzburgen, und Courmayeur bildete lediglich ein bescheidenes Gegenstück zu Chamonix.

Die endgültige Öffnung des Alpenraums hin zum Flachland, durch die Bahn und später durch moderne Straßen, hat den Zerfall einer spezifischen Landwirtschaft ausgelöst, um deren baldigen Untergang wir heute fürchten müssen. Den Bergbauern gereichte die Landwirtschaft gerade zur Selbstversorgung. Sie paßten ihre Anbautechniken den durch die Bodenbeschaffenheit und den Steilhang bedingten Umständen an. Die regelmäßig gerodeten Äcker der bebauten Hänge konnten durch Asche mit hervorragendem Kaligehalt fruchtbar gemacht werden, während die Wälder der Nordhänge Brennholz lieferten. Ein weiteres Schlüsselelement der traditionellen Landwirtschaft war die Almwirtschaft: Sie verursachte eine jahreszeitlich bedingte und auf die nähere Umgebung beschränkte Migration der Bergbevölkerung. Die Sommerweidewirtschaft hat in einigen Tälern die Moderne überdauert, aber wie lange wohl noch?

Mehr noch als die Zunahme des Sporttourismus sollte die industrielle Revolution die Gesellschaft des Alpenraumes grundlegend verändern. Das 19. Jahrhundert brachte Wasserkraft und Bahngleise. Diese beiden Entdeckungen beendeten eine autarke Wirtschaftsform, in der die Landwirtschaft neben einer den örtlichen Bedürfnissen angepaßten Leichtindustrie eine dominante Rolle gespielt hat. Der Textilsektor veranschaulicht besonders deutlich die Krise, mit der die Bergwelt zu Beginn des 20. Jahrhunderts konfrontiert wurde, als die Manufakturen dem rücksichtslosen Wettbewerb der großen Fabriken am Rande der Städte nicht mehr standhalten konnten. Die Alpen veränderten sich völlig und trieben in gefährlichem Maße einer einzigen, unsicheren Erwerbsquelle entgegen: dem Tourismus.

Alles hat in Chamonix am 8. August 1786 begonnen, als Michel Paccard und Jacques Balmat den höchsten Punkt der Alpen erreichten. Horace-Bénédict de Saussure, ein Genfer Wissenschaftler und Anhänger Rousseaus, erreichte den Gipfel im darauffolgenden Jahr: »Welch ein Augenblick der Andacht! Für wie viele Mühen und Grübeleien in ähnlichen Augenblicken entschädigte er mich nicht? Die Seele erhebt sich und inmitten dieser majestätischen Stille glaubt man die Stimme der Natur zu hören und ihr Vertrauter zu werden.« Die Empfindungen Saussures stehen im Gegensatz zur bösartigen Mißgunst des Schreiberlings Bourrit, der selbst nie den Montblanc erreicht hat. Bald sollte er Alexandre Dumas helfen, mit der Legende vom »Leiden« Paccards hausieren zu gehen, der von Balmat zum Gipfel geschleppt worden sei. So entstand die erste »Fälschung« der damals gerade beginnenden Geschichte des Alpinismus.

Die Engländer nahmen nicht an der Eroberung des Montblanc teil. Während des gesamten 19. Jahrhunderts sind ihnen dafür die meisten Erstbesteigungen der höchsten Gipfel vom Oberland bis zum Oisans über das Wallis und die Montblanc-Kette gelungen. Forbes, Tyndall, Matthews, Walker, Moore, Coolidge und natürlich Whymper gehörten alle einer Gesellschaftsschicht an, die keine Not kannte. Sie sicherten sich die Unterstützung der örtlichen Bergführer, die sie oft für eine ganze Saison verpflichteten und großzügig entlohnten. Zweifellos haben sie sehr viel zum wirtschaftlichen Aufschwung der Täler beigetragen, da Scharen von Touristen von den Glanzleistungen dieser modernen Abenteurer angelockt wurden.

Die immer gefragteren Bergführer schlossen sich während des gesamten vergangenen Jahrhunderts überall zusammen. Bestens ausgereift waren ihre Organisationen gegen Ende des »Goldenen Zeitalters« des Alpinismus, das heißt kurz vor dem Ersten Weltkrieg. Ihre genau festgelegten Rollen konnten einige sogenannte »führerlose« Unruhestifter kaum erschüttern. Und dennoch läutete einer von ihnen, der Engländer Alfred Mummery, die Moderne ein. Nach bemerkenswerten Erfolgen mit dem Walliser Führer Alexander Burgener leitete Mummery selbst Seilschaften und begab sich bis in den Himalaja. Dort ruht er immer noch im ewigen Eis des Nanga Parbat. Bis vor nicht allzulanger Zeit war die »Herrschaft« der Bergführer dennoch ungebrochen. Sie stammten alle aus den alpinen Hochtälern von Chamonix, Zermatt, Courmayeur oder dem nördlicher gelegenen Grindelwald.

Nach 1918 trat ein sonderbares Phänomen in Erscheinung: »Der Berg war das Mittel, uns auf die Höhe unserer Träume zu schwingen; an ihm konnten wir unseren Wert messen; er erlaubte uns – die wir aufgrund der besonderen Lage vom Krieg verschont geblieben waren – trotzdem die erhebenden Freuden eines Heldenlebens zu kosten …« Pierre Dallioz faßt so eine Geisteshaltung zusammen, die einer Generation brillanter Bergsteiger vorausging, die ohne Führer kletterten. Sie schlossen sich ab 1919 in der sogenannten Hochgebirgsgruppe zusammen. Als wagemutige und technisch versierte Kletterer rüttelten besonders Lagard, Lépiney, de Ségogne und Devies die immer stärker verspießerte Welt des Alpinismus auf. Für einen Augenblick verunsichert, folgten die französischen Führer diesem Beispiel unter Armand Charlet. Während diese einschneidende Veränderung in der Schweiz noch auf sich warten ließ, stellte Italien sich mit zahlreichen glänzenden Individualisten wie Riccardo Cassin und Giusto Gervasutti ebenfalls auf die neue Epoche ohne Bergführer ein.

Zwischen den beiden Weltkriegen entwickelte sich eine neue Bergsportart: das Skifahren. Es wurde Ende des 19. Jahrhunderts in den Alpenraum eingeführt, kam jedoch erst nach 1920 mit dem Bau der ersten Drahtseilbahnen – zum Beispiel am Brévent – und durch die Skiwettkämpfe richtig in Schwung. So organisierte Chamonix im Jahre 1924 die ersten Olympischen Winterspiele. Der Wintersport sollte sich auf dieses Ereignis stützen, um seinen Ruf zu verbessern und abwechslungsreichere Varianten der Freizeitgestaltung anzubieten. Das Leben der Bergbewohner spaltete sich von nun an in die Berufe des Bergführers, des Skilehrers und des Bauern. Bis zum Zweiten Weltkrieg festigte sich die neue Situation; noch hatte der Skisport das Fundament des alpinen Wirtschaftslebens nicht erschüttert.

Die zweite Hälfte des 20. Jahrhunderts wurde zu einer Ära tiefgreifender Veränderungen. Der Bergsport entwickelte sich zur Massenbewegung. Auf der Suche nach einem Lebensraum, der ihnen Verlockenderes bieten konnte als die Vorstädte, ergriffen auch Städter den Beruf des Bergführers. Als Folge des immer beliebteren, von der öffentlichen Hand geförderten Skisports wurden die Almen allmählich aufgegeben. Angezogen von den unerschöpflich scheinenden Quellen des »weißen Goldes« schwammen viele üble Geschäftemacher auf dieser Welle mit. Die Anarchie des Immobilienmarktes verlieh der Bergwelt immer städtischere Züge. Oft hat die örtliche Bevölkerung die Veränderungen nicht rechtzeitig bemerkt. Mit einem gewissen Fatalismus sehen die Bewohner zu, wie die Wurzeln ihrer Kultur und die traditionelle Architektur ihrer Dörfer verschwinden.

Eine bemerkenswerte Entwicklung hat sich in ihrer Einstellung zum Sport vollzogen. Sicherlich hat das Bergsteigen seit ehedem Konkurrenzfieber ausgelöst, das allerdings versteckt, unorganisiert und fernab der Öffentlichkeit ausgelebt wurde. Das Aufkommen der Massenmedien hat den Begriff »Leistung« in neuem Licht erscheinen lassen. Die Skiwettkämpfe erhöhten den Wert von Schau und Stoppuhr; das Bergsteigen, das selbst heute noch keinen festen Regeln unterliegt, hat eine neue räumliche Dimension erschlossen, die bisher nur Eingeweihten vorbehalten war. Einzig das Neue, Originelle und Spektakuläre zählt. Hubschrauber und Fernsehen ermöglichen die Direktübertragung von Leistungen, die nicht mehr an technischen Kriterien gemessen werden, sondern an ihrer vermeintlichen Wirkung auf die Programmgestalter. So entstehen »Medienereignisse«.

Fragt man nach den Ursachen für die brutale Veränderung des Alpenraumes, sollte man zunächst die Bedeutung der Bevölkerungsbewegungen betrachten. In den Alpen werden verschiedene Arten der Landflucht unterschieden, die nicht einheitlich begründet werden können. Während sich in Savoyen und im Aostatal die Täler abseits des Massentourismus leeren, erscheint die Situation im Wallis relativ stabil. Die Landwirtschaft ist nicht überall in gleichem Maße von der Krise betroffen. Zu berücksichtigen sind im Alpenraum zweifellos die politisch bedingten Unterschiede zwischen einem zentralistisch strukturierten Frankreich, in dem das Gebirge nur einen geringen Teil des Staatsgebietes einnimmt, einem Italien, dem eine auf Ausgleichszahlungen beruhende Regionalisierung nicht vollständig gelingt, und dem Bergland Schweiz, das dem Europa der Ebenen mit Mißtrauen gegenübersteht.

Schiene, Straße und Tunnel haben die Wanderungsbewegungen zwischen den Alpen und den Städten in beiden Richtungen begünstigt. Der Verbreitung des Tourismus hat eine Verflachung der Lebensformen mit sich gebracht, ebenso jedoch eine Veränderung der jahreszeitlich bedingten Tätigkeiten, die das gesellschaftliche Leben in den Alpentälern zu allen Zeiten bestimmt haben. Die Modernisierung der Transportmittel hat mittlerweile neue Beziehungsstrukturen geflochten und potentielle Konfliktsituationen geschaffen. Die Alpen im Herzen der europäischen Gemeinschaft sind schlicht zum Spielball der Transitverkehrsplaner geworden. Müssen wir das Aosta- und das Arvetal mit Tunneln durchziehen und zubetonieren, um Erzeugnisse zu transportieren, die zum großen Teil auch an Ort und Stelle oder in der Region angebaut, hergestellt und verteilt werden könnten?

Diese Fragen stellen sich die Menschen in den Tälern, allen voran die Politiker. Am stärksten stoßen Lastkraftwagen und die durch sie verursachten Schäden auf Ablehnung. Die Elektrometallurgie in Chedde, die Herstellung von Automatenlegierungen in Cluses und die Aluminiumindustrie in Martigny haben Arbeitsplätze geschaffen. Die industrielle Krise läßt die Menschen fester zusammenhalten, als schädlicher Qualm und Hautkrebs es je vermocht haben. Die sogenannte Standortwahl nach der Wirtschaftlichkeit verdankt ihren Namen eher einer kurzsichtigen Geschäftspolitik als einem Zusammenschluß der Bergländer in einer Organisation, die in einer strukturschwachen Region rentable Tätigkeiten fördern könnte.

Die Ansiedlung von Industrie in den Alpen war direkt mit dem Vorhandensein gewaltiger Wasserkraft verbunden. An Ort und Stelle über eine Energiequelle zu verfügen, die zu Unrecht als kostenlos und unerschöpflich betrachtet wird, kompensiert den Standortnachteil. Das Wasser wird jedoch vor allem zur Erzeugung von Elektrizität gebraucht. Im Wallis zeigen die Staudämme von Grande Dixence und Mauvoisin den Einfallsreichtum, mit dem sich die moderne Gesellschaft natürlicher Energiequellen bemächtigt hat. Die eindrucksvollen Becken, die das Wasser der großen Gletscher der Walliser Alpen auffangen, werden zusätzlich über unterirdische Stollen genährt, die überall durchs Gebirge verlaufen.

Gleichwohl bleibt heute der Tourismus in den Alpen die wirtschaftliche Grundlage. Stand- und Drahtseilbahnen, die dem Reisenden Zugang zu den spektakulärsten Aussichtspunkten gewähren, haben die volkstümlichen Schwärmereien über das Bergsteigen erst entstehen lassen. Der einfache Fußmarsch oder der Ritt auf dem Maultierrücken hätte zweifellos nie einen solchen Enthusiasmus hervorrufen können. Die Zahnradbahnen zum Gornergrat bei Zermatt und zum Montenvers bei Chamonix werden bald ihren hundertjährigen Geburtstag feiern. Die später gebauten Seil- und Schwebebahnen haben sich als bequemer, preiswerter und eindrucksvoller erwiesen. Die höchsten Alpengipfel sind jedoch trotz zahlreicher Pläne – die natürlich überwiegend den Montblanc betrafen – der Erschließung entgangen.

Ursprünglich übernachteten Bergsteiger und Touristen in Privatquartieren oder in Hotels. Der höhere Lebensstandard und vor allem die Entwicklung des Skisports haben zu einem Massentourismus geführt, der für die Immobilienmakler ein gefundenes Fressen war. Die Bauern ließen sich in die Falle locken, und die Grundstücke wechselten den Besitzer. Ein »Schnee-Programm« brachte eine Lawine ins Rollen; auf den Almen schossen riesige Gebäudekomplexe in die Höhe. Es galt als großes Glück, sein Geld in den Bergen investieren zu können; die Wohnungen in den Retortensiedlungen wurden direkt vom Bauplan verkauft.

Die Krise im Wintertourismus traf die Skigebiete unvorbereitet. Die Kurzlebigkeit der Modeerscheinungen, konkurrierende Tourismusziele, die qualitativ unterschiedlichen Angebote in den künstlich angelegten Wintersportorten und das unbeständige Wetter ließen die Zahlen der Winterurlauber sinken. Gemeinden, die auf ein beständiges Wachstum gesetzt hatten, standen plötzlich vor leeren Kassen; die Konkurrenz zwischen den Orten, die für ihr Stück vom großen Kuchen kämpften, hat die einstige Bergsolidarität verblassen lassen. Die Umsätze auf dem alpinen Immobilienmarkt gingen mit Verspätung und trotz geschickter Strategien zurück, der Markt bröckelte ab und brach mancherorts sogar zusammen.

Die Krise im Skisport hat die Städter nicht aus den Bergen fernhalten können. Das Bedürfnis nach Natur und Schönheit, das schon Rousseau, die feine englische Gesellschaft und die Benutzer der ersten Drahtseilbahnen in die Alpen trieb, erwachte gerade in dem Augenblick zu neuem Leben, als die Gefahr drohte, es niemals mehr befriedigen zu können. Vielfach werden Stimmen laut, die sich für eine Rückkehr zum natürlichen Gleichgewicht einsetzen. Verantwortliche auf Staatsebene, Gebietskörperschaften, Ideengeber und Entscheidungsträger machen aus Vernunftgründen oder aus Überzeugung Qualität – gelegentlich sogar Respekt vor der Natur – zum Maßstab ihres Handelns.

Bereits im Laufe dieses Jahrhunderts waren Vorsichtsmaßnahmen ergriffen worden, um Naturgebiete zu erhalten, deren Bedeutung unumstritten war. Schon 1922 schuf Italien den Gran-Paradiso-Nationalpark, wenig später gründete Frankreich seine Landschaftsschutzgebiete. Das Gesetz von 1960 über die französischen Nationalparks ermöglichte drei Jahre später, das Vanoise-Massiv größtenteils zu schützen, während viele Naturschutzgebiete in Hochsavoyen erst zwischen 1974 und 1980 entstanden sind. Trotzdem genoß das Montblanc-Massiv noch 1986 nur ungenügenden Schutz durch das Landschaftsschutzgebiet oberhalb von 2000 Meter Höhe auf der französischen Seite, das Naturschutzgebiet Contamines auf dem Miage-Gletscher sowie einem eidgenössischen Banngebiet im Schweizer Teil des Ferret-Tales.

Im Jahre 1986 wurde dann der zweihundertste Jahrestag von Paccards und Balmats Erstbesteigung des »Daches Europas« gefeiert. Am Abend des 8. August 1986 war das jubelnde Chamonix von einem Feuerwerk, über dem Ort und entlang der Erstbesteigungsroute, fasziniert und von der Rede Roger Frison-Roches ergriffen. In Courmayeur, auf der anderen Seite des Montblanc, unterschrieben am Rande der offiziellen Feierlichkeiten etwa dreißig Bergsteiger von internationalem Rang auf Initiative des italienischen Akademischen Alpenvereins ein Manifest. Der unterzeichnete Text forderte die Behörden der betroffenen Länder zur Gründung eines internationalen Montblanc-Naturparks auf, der die gesamte herrliche Gebirgskette umfassen sollte. Aber war es nicht schon zu spät, einen bereits schwer beeinträchtigten Gebirgsraum zu retten? In den Augen der Umweltminister Frankreichs, Italiens und der Schweiz war es nicht zu spät. Sie leiteten ein Langzeitprogramm zur Erforschung und Realisierung einer großräumigen Schutzzone ein, die international anerkannt werden sollte. Die zögerliche Haltung der Lokalbehörden führte zur Suche nach einem Konsens und zur Einrichtung eines Koordinierungsorgans. Bis zur Verwirklichung des internationalen Naturparks müssen wir uns wohl immer noch einige Jahre gedulden.

Die einzelnen Planungsschritte verdeutlichen die unterschiedlichen Vorstellungen. Zu Recht fürchtet die örtliche Bevölkerung von höherer Ebene Vorschriften bezüglich ihrer Gebietsverwaltung. Reagiert sie damit auf eine Kolonisierung, der sie nicht Einhalt gebieten konnte oder wollte? Und können die Anwohner allein über die Zukunft eines Massivs mit so universeller Bedeutung entscheiden? Bergsteiger und Touristen haben seit fast zweihundert Jahren den Wert der natürlichen Reichtümer hervorgehoben, die vorher als feindliche Kräfte galten. Es wäre deshalb klug, ihnen ein Mitspracherecht über das Schicksal einer Landschaft einzuräumen, zu deren Entwicklung sie maßgeblich beigetragen haben.

Von der Autarkie ist das Leben in den Bergen in die Abhängigkeit übergegangen. Die Sommer- und Winterurlauber ebenso wie die mehr oder weniger zentralistisch strukturierten Staaten sind Schalthebel in den Händen im Hintergrund operierender Entscheidungsträger. Sie wissen die örtlichen Institutionen zum eigenen Vorteil zu nutzen, und es ist nicht sicher, ob sie im Interesse der Allgemeinheit handeln. Ebenso unsicher erscheint, ob sie die kulturellen Eigenheiten der Alpenkette achten. Der Respekt vor dem natürlichen Gleichgewicht wird in gleichem Maße bedroht wie die unberührte Natur, die ja die Attraktivität der Gebirgswelt ausmacht. Die beiden folgenden Zitate veranschaulichen diese Widersprüche:

»Der Alpenbogen ist für viele Akteure der Wirtschaft eine unerschöpfliche Melkkuh; aus Furcht vor Isolierung akzeptieren die Lokalbehören die Einmischung von außen.« (Carlo Ripa di Meana, ehemaliger italienischer Umweltminister, in Davos im Februar 1993). »Wir bitten um Gnade für unser Tal, das schon so oft und in solch verheerendem Maße verunstaltet wurde. Zu oft sind Gebäude nur mit dem Ziel zerstört worden, neue zu errichten. Deshalb müssen wir mehr mit dem Herzen als mit den Augen nach den Resten einer Epoche suchen, in der die Eroberung der Bergwelt behutsam eingeleitet wurde und prächtig gedieh.« (Roger Frison-Roche in »50 ans de montagne«, erschienen 1974 bei Arthaud).

Werden die Bergbewohner unter diesen Umständen ohnmächtige Marionetten in den Händen der Tourismusindustrie und ihrer Geldgeber bleiben? Werden sie in dem ungesunden Spiel mitmischen, in dem die Alpen alles zu verlieren haben? Zahlreiche Umfragen in den sieben Staaten des Alpenraumes haben eine allen gemeinsame Wertschätzung einer natürlichen, geschützten Umgebung bewiesen..

Antoine de Saint-Exupéry wird mir bestimmt nicht böse sein, wenn ich seinen Wahlspruch übertrage: »Wir haben die Berge nicht geerbt, sondern nur von unseren Kindern geliehen«. Mit zunehmender Verschmutzung des Flachlandes und der Küsten der sogenannten entwickelten Länder, erscheinen uns die Berge wie ein Zufluchtsort. Gewiß lassen sich nicht mehr ganze Völkerschaften wie im Hochmittelalter hier nieder, um Schutz vor kriegerischen Auseinandersetzungen zu suchen. Die Berge sind lediglich eines der letzten noch gesunden Organe unseres Planeten – mehr aufgrund ihrer Höhenlage als wegen des beschwerlichen Zugangs.

Im Laufe der vergangenen Jahrtausende haben die Menschen versucht, sich an eine beengende Umgebung anzupassen, die ihnen lediglich Schutz bot. Demgegenüber wurden die Bergsteiger – erst seit zweihundert Jahren – von ganz anderen Vorstellungen geleitet. Was suchten sie in dieser senkrechten Welt aus Eis und Fels? Es mag unnötig sein, in wenigen Zeilen die Geschichte des Bergsteigens in den Alpen Savoyens und des Wallis noch einmal zu schreiben oder eine ganze Galerie sagenumwobener Kletterer zu porträtieren. Versuchen wir einfach, die Entwicklung dieser aufregenden Sportart anhand punktueller Ereignisse nachzuzeichnen, welche die Intensität und das Neuartige der zwischen Bergsteiger und Höhenwelt entstandenen Beziehung verdeutlichen. Vielleicht läßt sich dann diese verzehrende Leidenschaft verstehen …

Horace-Bénédict de Saussure brauchte keinen hoheitlichen Befehl, um den Montblanc zu erobern, wie Antoine de Ville ihn 300 Jahre zuvor von Karl VIII. erhalten hatte. Der Genfer Botaniker war von unwiderstehlichem Drang getrieben, einen hohen Berg einzig und allein deshalb zu ersteigen, weil er da war. »Findet einen Weg, holt mich ab, führt mich hinauf«, forderte er die Bewohner von Chamonix auf. So entstanden der hoch angesehene Beruf des Bergführers und leider auch die Eifersucht eines Bourrits sowie die Neuigkeitsgier eines Alexandre Dumas. Der Alpinismus entfaltete von Anfang an seine Licht- und Schattenseiten. Bald galt es, die gefürchteten Berge, die sich in ein Objekt der Begierde, der Phantasterei ja sogar der Schwärmerei verwandelt hatten, und so zum unverhofften Manna geworden waren, vor Angriffen zu schützen.

Dank de Saussure, Paccard und Balmat dauerte es nur noch einige Jahre, bis der Traum von der Montblanc-Besteigung Wirklichkeit wurde. Der Monte Rosa widersetzte sich dem Willen der Bergsteiger. Vierzig Jahre sollten zwischen dem Auftauchen eines menschlichen Wesens auf der bescheidenen Punta Giordani und der Erstbesteigung des höchsten Gipfels durch Reverend Hudson noch vergehen. Unterdessen hatte ein bekannter Einheimischer des Valsesia, Dom Giovanni Gnifetti, Pfarrer von Alagna, einen der zehn über 4500 Meter hohen Gipfel des Monte Rosa erstiegen. Eine derartige klerikale Präsenz war in den Anfängen des Bergsteigens kein Einzelfall. Bereits im Jahre 1779 hatte Abt Murith den Mont Vélan erklommen; auch er zweifelsohne auf der Suche nach Gott, dem er sich in großer Höhe bestimmt näher glaubte.

Mitte des 19. Jahrhunderts schickte eine große englische Zeitung einen talentierten jungen Zeichner, Edward Whymper, nach Zermatt. Für die Medien waren die Alpen bereits ein Kassenschlager. Whymper sollte – begeistert vom Bergsteigen und vom Matterhorn verführt – die Eroberung dieses Berges zu seiner persönlichen Aufgabe machen. Um 1860 verlangten es die Etikette, einen oder mehrere Bergführer zu verpflichten. Der Engländer verstand es meisterhaft, das überlegene Können eines Carrel oder eines Croz so für sich zu gewinnen, daß er schließlich an sein Ziel gelangte. Ab diesem Zeitpunkt jedoch führte er Neuerungen ein und schaffte anläßlich eines bemerkenswerten Versuchs, den magischen Berg im Alleingang zu bezwingen, die Grundlagen für die hohe Kunst des Bergsteigens. Am 14. Juli 1865 brach der Absturz von vier Kameraden beim Abstieg vom Gipfel Whympers Herz. Auch die bisher gültige Meinung, die große Zahl der Bergsteiger bürge für Sicherheit, war damit widerlegt. Man sollte lieber daran denken, daß Whymper drei Jahre vorher die Alleinbesteigung des Matterhorns bis auf 4000 Meter Höhe geglückt war.

Fünfzehn Jahre nach Whymper verließ ein bürgerlicher Intellektueller die Britischen Inseln, um nach Zermatt und Chamonix zu reisen. Albert Frederick Mummery sollte in das klassische Bergsteigen neuen Schwung bringen. Sein Ziel hieß Grépon, ein gezackter Turm der Montblanc-Kette, den die vorausgegangene Generation kaum als lohnendes Ziel betrachtet hatte. Mummery handelte hier nach seinen Prinzipien, die Schwierigkeit um der Schwierigkeit willen zu suchen, und ohne Bergführer zu klettern. Nach seiner »Erstbesteigung«, die 1881 unter professioneller Führung erfolgreich verlaufen war, kehrte Mummery an der Spitze einer Seilschaft und – Gipfel des Nonkonformismus – mit seiner Frau zum Grépon zurück. Die Fortschritte, die das Bergsteigen ihm verdankt, faßte er ironisch in seiner Autobiographie zusammen, in der er den Grépon zunächst als einen »unbezwingbaren Berg« charakterisiert, der zur »schwierigsten Kletterei der Alpen« geworden sei, um ihn schließlich als »leichte Kletterpartie für Damen« zu bezeichnen.

Im Jahre 1900 machte Franz Lochmatter von sich reden. Er lebte in St. Niklaus im Wallis, wo die robustesten Vertreter der Familien Knubel, Lochmatter und Pollinger den Beruf des Bergführers ergriffen … Bis zu den weltweiten Umwälzungen von 1914 erweiterte Franz seinen Erfahrungsschatz, seine klettertechnischen Kenntnisse und verbesserte seine physische Kondition. Als Führer des Briten Ryan fand er wie Mummery Vergnügen an der Suche nach dem höchsten Schwierigkeitsgrad. Ohne andere Sicherungsmöglichkeit als einem Hanfseil führte Franz Lochmatter im Jahre 1906 die beste Seilschaft jener

Zeit ins vertikale Labyrinth der Täschhorn-Südwand. Sie stellte damals eine noch nicht gemeisterte Herausforderung dar. Damit begründete er den Triumph der moralischen Stärke innerhalb einer homogenen Seilschaft, deren vollen Wert man bis dato noch nicht erkannt hatte.

Nach dem Ersten Weltkrieg debütierte ein junger Bergführer an den Eiswänden der Montblanc-Kette. Sein Name, Armand Charlet, wurde bald zur Legende. An den Wänden der Aiguille Verte, seines Lieblingsberges, den er mehr als hundertmal erstieg, vervollkommnete er allmählich seine Steigeisentechnik, die mehreren Bergsteiger-Generationen Vorbild sein sollte. Er begnügte sich nicht damit, neue Routen im gewaltigen Montblanc-Massiv zu erschließen, sondern er hob sich auch von den anderen Bergführern ab, weil er freundschaftliche Beziehungen zu den hervorragenden Amateuren der Hochgebirgsgruppe pflegte. In technischer Hinsicht unterschied er sich von den anderen durch den Gebrauch von Skiern und vervollständigte damit sein Image als Pionier des Winterbergsports und des Extremskifahrens, das man damals noch nicht so zu nennen wagte.

Trotz seiner Begabung und weil er die neuen Methoden der Hakensicherung nicht anwandte, sollte Armand Charlet beim »Sturm auf die Grandes Jorasses«, dem Wettlauf um die Erstbesteigung der herrlichsten Nordwand des Massives, nicht mithalten können. Dasselbe gilt aus anderen Gründen für Giusto Gervasutti, einen der besten Kletterer der Zwischenkriegszeit. Auf der italienischen Seite des Montblanc, an den Pfeilern des Frêney oder in der Ostwand der Grandes Jorasses fand Gervasutti, fernab von indiskreten Blicken, seine Freude am Kampf mit den Elementen und gegen sich selbst. Gervasutti sollte auch der autobiographischen Kunst der Routenbeschreibung zu ungeahnten Höhen verhelfen, die er dank philosophischer Gedankengänge zu neuem Leben erweckte.

Lionel Terray bleibt sicher die markanteste Persönlichkeit des französischen Alpinismus. Der 1945 seit langem entschiedene Wettlauf auf die Grandes Jorasses betraf ihn nicht mehr, zweitrangige Erstbesteigungen begeisterten ihn nicht. Unzertrennlich von seinem Freund Louis Lachenal, wollte er ausschließlich zu den höchsten Steilwänden der Alpen vordringen. Das Tandem Terray – Lachenal brachte die höchsten Tugenden einer Seilschaft wieder zu Ehren, deren Stärke auf Vertrauen und Freundschaft beruhte. Natürlich kam den beiden ihre natürliche Begabung, regelmäßiges Training sowie der sachkundige Umgang mit neuen Materialien und fortschrittlichen Techniken zugute. Dem optimalen Zusammenwirken all dieser Trümpfe haben sie die unversehrte Rückkehr von einem unglaublichen Abenteuer im Sturm an der Nordwand der Grandes Jorasses zu verdanken.

Im Jahre 1950 erlebte die Klettertechnik durch Haken und anderen Hilfsmitteln einen bedeutenden Aufschwung. Sie eröffnete Perspektiven, die Walter Bonatti in hohem Maße nutzte. Offensichtliche Widersprüche machten seinen Charme und seine Persönlichkeit aus. Als sensibler und gefühlsbetonter, aber dennoch rational denkender Mensch verstand er es, technische Ziele anzugehen, erlag aber gleichzeitig intellektuellen Neigungen: dem Mythos der perfekten Linie, dem historischen Kontext und dem Respekt vor bergsteigerischen Leistungen der Vergangenheit. Den besten Beweis dafür lieferte sein beispielhafter letzter Aufstieg auf das Matterhorn im Winter 1965. Warum bestieg er gerade 1965 das Matterhorn? Um allein auf die ihm eigene elegante Art einen hundertjährigen Geburtstag zu feiern, der unten im Tal mit Pauken und Trompeten sowie an öffentlichen Festtafeln begangen wurde.

Bonatti hat die Nachfolge des großen traditionellen Bergsteigens an Reinhold Messner übergeben. War es vom Mißbrauch technischer Mittel bedroht? Der Amerikaner Gary Hemming und einige andere waren davon überzeugt. Wegen seiner unkonventionellen Haltung und Aussagen trug er den Spitznamen »der Gammler«. Er prangerte die übermäßige »Vernagelung« der Wände an, löste einen Skandal bei den Institutionen aus, als er Haken aus der Ostwand des Grand Capucin schlug und trat für die »Suche nach einem Gleichgewicht« ein. Ohne Respekt vor ziviler oder militärischer Hierarchie leitete er souverän die selbstlose Rettungsaktion für zwei junge Deutsche in der Westwand des Dru. Heute erleben wir die Kehrseite der Medaille von Ethos, Zivilcourage, Selbstlosigkeit: Mit Gary Hemming ging eine Epoche zu Ende, in der das Bergsteigen in erster Linie von Gefühlen geprägt war.

 Aravis-Kette – Aiguille de Manigod

Hauteluce im Beaufortin

SCHNEE

Sir Alfred Wills gründete den Alpenverein. Aus Liebe zu Sixt und dem Giffretal baute er seinen eigenen »Nid d'Aigle« (Adlerhorst) im Talkessel der Fonts. Heute beherbergt der viktorianische Bau im Sommer die Nachkommen Hauptmann Nortons, der 1924 am Mount Everest mehr als 8500 Meter erreichte. Im Winter jedoch sind Adlerhorst und die bescheidenen Chalets des Fonts verlassen und mit einem Schneeteppich bedeckt, der sich von Woche zu Woche verdichtet, bis der Frühling wieder erwacht. Die gedämpfte Stille wird nur vom Donnern der Lawinen gestört, die sich vom Buet lösen. Auf 1500 Meter Höhe, weniger als zwei Stunden Fußmarsch von Sixt entfernt, halten die Berge Winterschlaf. Die Engländer verkriechen sich in die gutbürgerlichen Kaminecken ihrer Landsitze um London. Nur einige Abenteurer trüben für einen Augenblick den weißen Frieden der Fonts.

Nicht weit von Sixt, auf der anderen Seite des Berges von Gers, kommt ab Dezember Leben in eine wüstenartige Hochebene. Die Betonklötze von Flaine erwachen aus ihrer Herbstruhe; seltsame Raupen bewegen sich an den Berghängen, um die ersten Schneeschichten zusammenzupressen – diesen Stoff, den der Wintersportort wie ein kostbares Lebensmittel hüten muß. Wenn das Leben in den Fonts einschläft, erwachen die Pisten aus ihrer Lethargie. Der Rhythmus der Jahreszeiten hat sich hier umgekehrt. Wo sich zu Beginn unseres Jahrhunderts einige sture Bauern abmühten, spärliches Wachstum zu nutzen, bauen ihre Nachkommen Luftschlösser im weißen Gold.

Noch vor weniger als hundert Jahren bedeuteten die ersten Schneefälle im Herbst für Anterne, Villy sowie für alle Almen des Fiz und des übrigen Gebirges das Ende der Sommerweide und den Rückzug in die Dörfer. Erschöpft von der Suche nach Weidegras im weißen Nichts, ließen sich die Tiere zum Stall führen – ihrem Wintergefängnis. Eine schicksalsergebene Gesellschaft bereitete sich nun auf ein Leben im Halbdunkel vor. Lediglich einige Männer verließen das Tal, um in der Lombardei, ja sogar in Bayern, hausieren zu gehen. Holz mußte herangeschafft, Fleisch und Brot mußten winterfest gelagert und aufbewahrt werden. Auch das Murmeltier widmete sich seinen Vorbereitungen für den Winter. Jeder paßte sich auf seine Weise dem unerbittlichen Vormarsch des Schnees an, der jegliche Aktivität von Mensch und Tier lähmte.

Von März an verlor die weiße Pracht unter den ersten warmen Sonnenstrahlen an Fülle. Alles begann sich auf ein Wiedererwachen vorzubereiten. Bald schmolz der Schnee auf den Almen und ließ vertrocknetes, gelbes, fast verbrannt aussehendes Gras zum Vorschein kommen. Die Dächer der Weiler verloren ihren Schneepanzer und darunter tauchten Stroh, Schieferplatten und Schindeln auf. Kühe und Schafe wurden stufenweise, wie im Wallis, oder direkt, wie auf den Almen Savoyens, auf die Steilhänge getrieben. Manchmal stießen sie dabei zufällig auf ein Murmeltier mit von Schneeresten weißer Nase. Die während der langen Wintermonate angestaute Energie konnte sich nun entfalten, einer Gesetzmäßigkeit folgend, die im Laufe der Jahrhunderte menschlicher Besiedlung der Alpen entstanden ist. Zu dieser Jahreszeit stellt Flaine den Betrieb ein.

Innerhalb von fünfzig Jahren Berggeschichte hat der Schnee den jahreszeitlich bedingten Rhythmus durcheinandergebracht. Aus der Notsituation ist eine Einnahmequelle geworden. Die Untätigkeit der Bauern im Winter ließ Raum zur Nutzung der »toten Jahreszeiten« Herbst und Frühling. Einige Alpentäler beschleunigten diese Veränderung noch und gaben innerhalb weniger Jahre historisch fundierte gesellschaftliche, wirtschaftliche und kulturelle Traditionen auf. Die Skier verdrängten den Schlitten, das Höhenrestaurant die Schäferei, der bunte Anzug des Skilehrers ersetzte die abgeschabte Schäferweste, es stank nach Diesel und roch nicht mehr nach Kuh. Die Scheune – aus der das im Schweiße des Angesichts eingebrachte Heu duftete – wich dem Appartement »mit Balkon und Bergblick«.

Die Bilanz fiel zuungunsten der Tradition aus. Seit Beginn des Wintertourismus wurde der Schnee als weißes Gold betrachtet. Der Aufschwung des Skisports hat ungeahnte Perspektiven eröffnet. Ziel eines »Schnee-Planes« der sechziger Jahre war es, die Berggemeinden zur Investition in dieses neue Eldorado zu bewegen. Immer mehr falsche Ratgeber – oft identisch mit den Geldgebern – stellten sich ein. Gekrümmt durch die Feldarbeit, dieser bleischweren Last, die bei ungewissem Ergebnis härteste Plackerei auf den Steilhängen erforderte, waren die Bauern kaum in der seelischen Verfassung, die Mistgabel gegen den Skistock zu tauschen. In den durch die meterhohe Schneedecke photogen gewordenen Bauernhäusern stießen die Menschen Seufzer der Erleichterung aus, ohne zu ahnen, daß sich in unmittelbarer Nachbarschaft Städter und Vorstädter einnisteten. Der Winter wurde zum Paradies.

Der Schnee jedoch zeigte sich launisch. Bald weich oder vereist, bald kaum oder im Überfluß vorhanden, spielte er nicht immer mit. Er mußte also den Bedürfnissen des Menschen angepaßt werden. Die Technik sollte sich seiner bemächtigen. Seltsame Maschinen mit dem »zarten« Namen »Dameuses« (Stampfer) merzen heutzutage seine Unregelmäßigkeiten aus. Mit Dynamit werden Felsen gesprengt, die der Schnee nur schützen wollte. Und wenn er sich gekränkt entschließt, seinen weißen Teppich überhaupt nicht vor den Skifahrern auszubreiten, ersetzen ihn die Hüter der weißen Ordnung durch künstliches Weiß aus Schneekanonen. Letzten Endes beabsichtigt das touristische Savoyen, den Schnee aus seinem Wolkenbett zu holen und ihm mit Hilfe einiger Silberjodid versprühender Raketen zu befehlen, über den Pisten herabzurieseln. Und wenn der Schnee nun Lust hätte, einfach da zu fallen, wo wir ihn am wenigsten erwarten?

Der Schnee beugt sich nur den Launen der Luftzirkulation. Sie setzten sich seit ein paar Jahren nur mürrisch im richtigen Augenblick in Bewegung. Verzweiflung hat sich in den Bergen verbreitet. Die Quellen des weißen Goldes versiegen. Kaum noch werden die Felskämme des Hochgebirges von Schnee überpudert, die brachliegenden Felder scheint er völlig im Stich lassen zu wollen. Dem Zug der Zeit folgend, fliehen die Touristen diese Welt, die sie noch nie als gastfreundlich betrachtet haben, um im Schatten tropischer Kokospalmen Schutz zu suchen. Wo bleibt jedoch der Schnee der guten alten Zeit?

Als Ergänzung zum Wasser, das er hervorbringt, besitzt Schnee Erosionskraft, die es vielleicht eines Tages erlauben wird, die Berge von einigen ihrer Stigmata zu befreien. Das Glitzern seiner Kristalle wird er den ihm Verfallenen bewahren und Liebhabern großer Skischwünge das Geschenk einer Augenblicksfreude nicht vorenthalten. Das durch Hochhausarchitekten und Erbauer von Luftschlössern auf seine eisige Stirn gebrannte Schandmal wird er jedoch auch weiterhin tragen. Vielleicht wird der Bergbauer eines Tages mit der Schaufel in der Hand, die jahrhundertealte Harmonie wiederfinden, die ihn im Winter mit der weißen Fee verband.

Der Schnee ist ein unberechenbarer Verführer. Der Skifahrer, der mit seinen Seehundsfellen ein abgelegenes Tälchen hinaufsteigt, weiß, wie trügerisch der Schnee sein kann. Kennt dieses Element, das Schneebretter und Lawinen auslöst, keine Gewissensbisse beim Anblick seines zerstörerischen Werkes? Schämt es sich nicht, Gletscherspalten durch ebenso zerbrechliche wie lächerlich winzige Brücken zu verdecken? Dem Schnee gefällt das Spiel um Leben und Tod. Schmeichelnd läßt er den nach der Unendlichkeit der Gipfel Lechzenden, der sich an ihren Wänden mißt, an seinem Spiel teilhaben. Gewiß liebt der Bergsteiger mehr als andere den Schnee, mit dem er eine ungeteilte Leidenschaft erlebt. Doch wird der Schnee jemals seine tiefsten Geheimnisse offenbaren?

Als guter Spieler versteht der Schnee es, seine Ausgelassenheit mit der Sonne zu teilen. Die beiden sind die besten Komplizen der Welt. Die Sonne entscheidet über eine langsame oder schnelle Umwandlung der Schneekristalle, läßt den Schnee nachmittags so stark wie möglich schmelzen und ihn bei Nacht seinen harten Panzer zurückgewinnen. Er hingegen setzt alles daran, sie so mit ihren Strahlen spielen zu lassen, daß die Schneeblendung verstärkt wird. Gemeinsam entscheiden sie über die Schönheit der Winterlandschaft. Und wenn sie Lust haben, sich an einem unauffälligen Nordhang zu verleugnen, formt der Schnee Eisgebilde, die Entzücken hervorrufen.

Als guter Spieler muß der Schnee sich auch der erbarmungslosen Tyrannei des Windes fügen. Der Wind trägt den Schnee, bildet Verwehungen, entscheidet über Schneewächten und -bretter. Profitiert er nicht dennoch von dem unerbittlichen Gesetz des Stärkeren? Es ist das Gesetz des Räubers. Sonne und Wolken, Kälte und Wind, die natürlichen Elemente umgeben ihren Begleiter, den Schnee, ohne dabei den Eingriffen von Menschenhand Beachtung zu schenken; Bauern wie Kurdirektoren haben versucht, mit den Elementen Kompromisse zu schließen. Die Folgen der Beziehungen zwischen Schnee und Gesellschaft sind nicht vorhersehbar. Ist es auch für den Menschen besser, auf das Spiel mit dem Schnee einzugehen?

HÖHE

»Zénith«, das Vorwort zu einem Bildband über das Bergsteigen der dreißiger Jahre hat Pierre Dalloz geschrieben, ein bedeutender Bergsteiger der Hochgebirgsgruppe. In diesem als Sonderdruck erschienenen Kultbuch beschreibt Dalloz das Höhenerlebnis: »Wenn aus den Tälern herauf das Echo der Berge, die laute, aus Tausenden von Geräuschquellen im Tale – sei es durch Erosion, Wasser oder Wind – gespeiste Klage der Erde erschallt und schließlich zu unseren Füßen verhallt, wenn wir spüren, daß diese Klage, vom langen Aufstieg erschöpft, die hier oben herrschende Stille nicht durchbrechen kann (...), erst dann erkennen wir, was Höhe bedeutet.« »Zénith« ist zwar nur in spezialisierten Antiquariaten erhältlich, jedoch bei Bergsteigern in Umlauf, als ob ein jeder sich mit dem Höhenerlebnis eines Pierre Dalloz identifiziere.

Die ersten Erforscher der Alpen wagten es nicht, einen Gipfel zu ersteigen, ohne wissenschaftliche Apparate mitzuschleppen, die zur Messung der Höhenwirkung bestimmt waren. In der damaligen Zeit mußte das Vergnügen am Bergsteigen durch einen Grund gerechtfertigt werden. Die Auswirkungen großer Höhen lassen den Spezialisten des Himalaja heute noch keine Ruhe. Auch in den Bergen Europas dürfen sie nicht unterschätzt werden. Die Besteigung des Montblanc ist der beste Akklimatisierungstest für den Bergsteiger: Als der Prestigegipfel, dessen Ersteigung oft Höhepunkt oder Ende eines aktiven Bergsteigerlebens bedeutet, ergibt sich der Montblanc erst nach der Überwindung der Höhenbarriere.

In der Vallot-Hütte erkennt der Montblanc seine Bezwinger. Vallot, eine an einem der letzten Felsen der nördlichen Steilwand errichtete kleine Schachtel aus Eisen und Holz, nimmt die an der Höhe Gescheiterten auf, die es ihm aber nicht danken: Vallot verkommt täglich mehr zur höchsten wilden Müllkippe Europas. Erbaut in 4367 Meter Höhe, erfüllte die Hütte einst eine Rettungsfunktion für Alpinisten, die beim Ausstieg über die großen Montblanc-Routen auf der italienischen Seite in Bergnot geraten waren. Walter Bonatti wußte in seinem Buch »A mes montagnes« sehr wohl seinen Dank auszudrücken. Heute jedoch wird Vallot seiner ursprünglichen Aufgaben nicht mehr gerecht und beherbergt widerwillig unwürdige Gäste und Drängler vom Dôme du Goûter.

Die Goûter-Hütte selbst steht seit Generationen unter der Obhut eines Hüttenwarts, der drei Monate im Jahr in fast 4000 Metern Höhe lebt. Übertroffen wird dies noch von dem Hüttenwart der Margherita-Hütte, der sich im Sommer zwei Monate und manchmal länger auf über 4500 Meter aufhält. Diese Männer sind an die Höhe gewöhnt und leiden im Gegensatz zu den dort nur übernachtenden Bergsteigern nicht mehr unter den Auswirkungen der dünnen Luft. In der Goûter- und der Margherita-Hütte sowie in den höchsten, selten höher als 3500 Meter gelegenen Schutzhütten der Alpenmassive, sind die Hüttenwarte zugleich Bergführer. Wer wäre auch besser als ein Bergführer auf einen langen Aufenthalt im Reich der Höhen vorbereitet?

Der Beruf des Bergführers ist aus der Notwendigkeit entstanden, Unkundigen in den Bergen den Weg zu zeigen, sie mit einer verkannten, neuen und fremden Welt vertraut zu machen. Sollte der Bergführer wirklich nicht mehr sein als »der Gärtner, der die Tore seines Parks öffnet«, wie Gaston Rébuffat sagte? Ein Begleiter mit mehr Erfahrung, dem der Geleitete in schwierigen Augenblicken vertraut? Oder, übertrieben ausgedrückt, einfach ein von einem »Trecking«-Büro Beauftragter? Yves Pollet-Villard erklärte mit einfachen Worten, der Beruf des Bergführers sei überdies Berufung: »Als Kind blieb er stumm vor Staunen; plötzlich entdeckte er Außergewöhnliches; das Geheimnis der Bergwelt offenbarte sich ihm, und er begann sie zu lieben. Daraufhin wurden die Berge ein Teil seines Lebens.«

Die ersten Bergführer wurden eher zufällig bei Zusammenkünften der Dorfgemeinschaften geworben: Sie waren Jäger, Kristallsucher und Hausierer. Sehr schnell organisierte sich der Berufszweig ab 1823 in Chamonix, wo der Montblanc in Mode gekommen war. Heute kommen viele Bergführer aus der Stadt und die Existenz des Bergbauern ist vom Aussterben bedroht. Der moderne Bergführer reist viel: Im Winter ist er Skilehrer, im Frühjahr führt er Skitouren im Hochgebirge, im Sommer betreibt er Eis- und Felsklettern, und im Herbst begibt er sich in die Voralpen oder an die Felswände im Süden. Um von seiner Leidenschaft leben zu können, muß er Phantasie haben und über umfassende Sachkenntnisse verfügen.

Obwohl er manchmal in Versuchung gerät, die bequemste Lösung zu wählen, bleibt der Bergführer dem Ethos des Bergsteigens verbunden und die Liebe zu seiner Umgebung wächst. Auf einer Stellwand in der Ausstellung »L'Homme et les Alpes« (Der Mensch und die Alpen), die in Grenoble im Herbst 1992 eröffnet wurde, war zu lesen: »Wir (die Bergführer) sind gegen die Erweiterung der Infrastruktur in der Bergwelt, gegen Seilbahnen und Hubschrauber...«. Ist es nicht das Wichtigste für den Bergführer, seine Liebe zu den Bergen zu teilen, den ihm Anvertrauten für einen Tag Schutz und Sicherheit zu bieten? »Nicht nur das Wetter war schlecht, nein, man brauchte auch noch innere Kraft für zwei, und man mußte ums Überleben kämpfen«, sagte Pollet-Villard.

Während seiner Hochgebirgstouren hat der Philosoph Michel Serres dieses Höhengefühl sehr intensiv erlebt. Er spürte in »dieser ungewöhnlichen und wilden Luft ein Licht, dessen rötlicher Schein die beunruhigende Fremdheit des Ortes betont«. Ebenso hat er das Gefühl beim Verlassen der Hütte am frühen Morgen beschrieben. Die besonderen Eindrücke einer im Biwak verbrachten Nacht lernte er leider nie kennen. Eine Nacht abseits der Zivilisation auf einem Felsvorsprung in der Welt der Senkrechten, allein unter dem Schutz der Sterne – ist das nicht die Quintessenz aller Erfahrungen, die ein Bergsteiger in der Höhe machen kann? Die Übernachtung im Biwak, gleich ob vorbereitet, geplant oder improvisiert, stellt einen Bruch mit dem Alltagsleben dar, die Lust, ein Stück Leben zu verlängern, das vom Hinübergleiten in eine undurchschaubare Welt geprägt ist. »Wir waren noch nicht wieder wie die anderen Menschen geworden. »...noch nicht!« schrieb Lucien Devies nach der Rückkehr aus der Nordwestwand des Olan.

Ist Höhe meßbar? Auf dem Pic de Tenneverge, einem bescheidenen Gipfel der Kalkalpen in der Gegend um Sixt, spürt der Mensch die Höhe weniger durch Atemnot als vielmehr durch Einsamkeit. Es genügt, im Herbst über ein im Giffre-Tal festhängendes Wolkenmeer zu steigen, um an das Vorhandensein einer Höhenwelt zu glauben. Steilste Grashänge, vom Abbröckeln bedrohte Überhänge, Lawinenrinnen, in denen sich harscher Schnee hält – die Wände des Tenneverge lassen einen schwindeln. Die Entfernung, die sie vom festen Boden trennt, läßt sich weder in Metern noch in Wegstunden messen. Hierhin scheint sich Gott Pan selbst zurückgezogen zu haben. Höhe wird nicht allein anhand von Millimeter Quecksilbersäule ausgedrückt, sie ist vor allem eine Sache der inneren Einstellung.

Die Erschließung der Berge beeinflußt die natürlichen Größen wie Wasser, Schnee oder Wald. Eine Seilbahn trägt gewiß mehr zur Zerstörung des Höhenmythos bei, als es ein Höhenmesser vermag. Von den Tunnels des Kleinen Matterhorns ist die Besteigung des Breithorns bei Zermatt nichts anderes als ein schöner Spaziergang auf dem Gletscher, für Touristen mit nur mäßiger Kondition durchaus machbar. Das Gefühl des Ausgesetztseins fehlt dann ebenso wie die Gewißheit, eine Grenzlinie überschritten zu haben. Der Bergsteiger, der in der riesigen Macugnana-Wand des Monte Rosa hängt, kennt diese beiden Empfindungen ganz bestimmt.

Am ostwärtigen Ende der Walliser Alpen blickt das Fletschhorn von seiner tausend Meter hohen Eiswand auf den Simplonpaß herab. Nur sieben Meter fehlen zur schicksalhaften Viertausendergrenze. Die Gemeinde Saas Grund am Fuße des Fletschhorns würde dieses natürliche Manko gerne durch den Bau einer Mauer beheben. Durchbräche sie die kulturelle Abgeschiedenheit des einzigartigen Gipfels, würde dieser kommerzielle Eingriff ganz sicher den Wert des Höhengefühls mindern. Auf der anderen Seite der Rhone wird das Bietschhorn, das unter demselben Mangel leidet, mit größerer Sicherheit ein Zufluchtsort in der Höhe und für den Gott Pan bleiben.

Warum drängt der Mensch so sehr nach Höhe? Viele Bergsteiger haben sich diese Frage gestellt, allen voran einer ihrer berühmtesten Vertreter, Giusto Gervasutti. »Es gibt keine Antwort darauf; und vielleicht wird es sie nie geben. Doch als ich auf dem sonnenüberfluteten Gipfel stand, unter mir vorüberziehende Dunstschwaden, bemächtigte sich grenzenlose Freude meiner Seele und meines Körpers. Und die Trunkenheit dieser Stunde, die ich dort oben fernab der Welt in himmlischer Höhe verbrachte, würde jedwedes Risiko rechtfertigen ...« (G. Gervasutti, »Montagnes, ma vie«, Editions Arthaud).

Glacier du Tour

Lac des Chéserys

RAUM

Ostersonntagabend in der Monte-Rosa-Hütte. Das Matterhorn erglüht im letzten Abendsonnenschein. Kaum hat der Gast einen freien Tisch gefunden, fordert ihn die Mikrophonstimme der Hüttenwirtin auf, sein Essen abzuholen. Eine Stunde später wird er ungeduldig. Vor einer riesigen Thermoskanne, deren Inhalt sich zum Verzweifeln schnell leert, muß er auf seine Warmwasserration warten. In der beengenden Atmosphäre des Schlafsaals ist an Nachtruhe nicht zu denken. Am nächsten Morgen drängen sich zahlreiche Füße in den Gepäckraum. Im Gänsemarsch kann der Aufstieg zum Monte Rosa beginnen. Die Sehnsucht nach dem außergewöhnlichen Höhenerlebnis steht der Frustration einer vom Herdentrieb gelenkten Gesellschaft gegenüber, deren Mitglieder sich noch nicht von der Nabelschnur gelöst haben.

Von siebenhundert Meter hohen Wänden bewacht und geschützt liegt die Chalin-Hütte im Schatten der Cime de l'Est. Ihr Blechdach und ihre Bretterwände haben so manchen Träumen der Bersteiger Schutz geboten, die verrückt genug waren, sich im Bändergewirr der Dents du Midi zu verlieren. Kein prachtvoller Gletscher verschönert den Blick; eine steile Pfadspur verliert sich im ausgewaschenen Schiefer, der den zerbrechlichen Bau stützt. Hier ist es dem Bergsteiger gelungen, seiner banalen Alltagswelt zu entfliehen; er hat die entscheidende Stufe zur fünften, der alpinen Dimension überschritten. Die Hütten auf dem Monte Rosa und dem Chalin stehen für die inneren Widersprüche des Bergsteigers, den die zerklüfteten Weiten des Hochgebirges anziehen.

Die Gegend um Montenvers ist wie eine Festung, die an der modernen Technik krankt. Napoleon III. bereiste sie einst auf dem Maultier, um den Reiz einer von Rousseau gepriesenen Natur zu genießen. Heute werden die Menschenmassen, die sich allein durch die Bezeichnung »Mer de Glace« angezogen fühlen, von der hundertjährigen Zahnradbahn dort oben ausgeschüttet. Dichtgedrängt an der Brüstung der Terrasse mit Blick auf die Grandes Jorasses, versuchen die waghalsigen Touristen, die senkrechte Wand des Dru mit dem Verstand zu erfassen. In der Menge fühlen sie sich sicher. Sind sie hierhergekommen, um die aufgewühlte Stimmung zu Eis erstarrter Wellen zu erleben oder um einen Passierschein für ein fremdes Universum abzuholen? Die meisten werden auch die Aiguille du Midi »besichtigen« wie sie schon den Montenvers »abgehakt« haben; anderen – wenigen Auserwählten – werden sie es überlassen, die von den Fremdenverkehrsbüros aufgestellten Richtlinien zu durchbrechen.

Der Name »La Jonction« bezeichnet den Zusammenfluß und die neuerliche Teilung in die beiden Gletscherzungen Bossons und Taconnaz. Der Bossons-Gletscher ist ein einzigartiger Eisstrom, der den Montblanc herabfließt. Ein steiler Pfad führt zum Rand der Moräne, dorthin, wo abseits von zudringlichen Blicken Jacques Balmat vor zweihundert Jahren biwakierte. Hier hinauf steigt der in Kontemplation versunkene Mensch auf der Suche nach der Einsamkeit ewigen Eises immer noch zu Fuß. La Jonction bildet das Gegenstück zum Montenvers, obwohl die Eisbrüche des Bossons-Gletschers der Pracht der sich kräuselnden Wellen des Mer de Glace in nichts nachstehen. Wie ist der mysteriöse Massenandrang der Touristen in der Bergwelt zu erklären? Müssen wir ihn bedauern?

Der Bergsteiger scheint den guten Ruf des leidenschaftlichen Individualisten zu Unrecht zu genießen. Die alltäglichen Szenen an der Südwand der Aiguille du Midi zeigen, daß ihm das Spiel mit den Auswüchsen der modernen Technik anscheinend Vergnügen bereitet. Alles beginnt schon um fünf Uhr morgens, wenn der Andrang an der Kasse der Seilbahn ebenso groß ist wie auf einer Pariser Ausstellung. Beim Ansturm auf die Kletterrouten kommen die alten Gewohnheiten aus den Schulpausen wieder zum Vorschein: Der Kampf darum, an erster Stelle zu liegen, um sein Können zu beweisen; sich am Ende der Schlange ins Zeug zu legen, um die Rébuffat-Führe zu verlassen und gerade noch die letzte Gondel zu erreichen – diese Popularisierung des klassischen Kletterns zeugt von einer beispiellosen Ausnutzung des senkrechten Raumes.

Alexis Long wurde auf dem Weg zur Gervasutti-Hütte auf der Aostataler Seite der Grandes Jorasses von einem Eisbrocken erschlagen. Er war ein berühmter Bergführer und ein begeisterter Anhänger des unberührten Hochgebirgsraumes. Er lehnte es ab, seine Fähigkeiten in der Enge einer übervölkerten Felswand zu zeigen. Er suchte das einfache und beglückende Abenteuer der Seilschaft mit einem Freund an den steilen und abgelegenen Felswänden des Monte Greuvetta. Das Klettern an einer bis dahin unberührten Steilwand befriedigte sein Streben nach Ewigkeit. Sicher empfand er ein lebenswichtiges Verlangen nach einem Raum, den der Mensch nur passiert, ohne den Versuch, ihn zu verwandeln oder zu kolonisieren.

Ein Minister sagte einmal in privatem Rahmen: »Wäre es nicht wünschenswert, abszeßartige Auffangräume zu schaffen, um den verbleibenden Raum zu schützen?« Diese gibt es zur Genüge, Herr Minister! Die Auswüchse der Technik entwickelten sich im Laufe der Jahrzehnte zunächst in natürlichem Rhythmus, schließlich dem Ermessen der Tourismusindustrie und dem Gesetz des Wettbewerbs folgend. Sie sind direkt mit dem Begriff der Raumplanung verbunden. Ohne Infrastruktur, sei sie selbst so geringfügig wie die der Klettergärten, verschwänden auch sie. In diesem Zusammenhang verwundert es, daß unser Minister seine Gedanken zur Umkehrbarkeit technischer Ausstattung nicht vertieft hat.

Die Philosophie der Bergbewohner ist über Jahrhunderte entstanden, bedingt durch ihre allmähliche Anpassung an eine rauhe, manchmal feindliche Umgebung. Sie betrachteten Raum immer unter dem Blickwinkel der Zweckmäßigkeit, aufgeteilt in Nutzflächen, in Gebiete, die Kompromisse erfordern, und in Flächen, die mangels direkter Nutzbarkeit unberührt geblieben sind. Solange sich die menschlichen Aktivitäten in den Alpen auf Landwirtschaft, Schafzucht und die Nutzung von Flüssen und Wäldern für den örtlichen Bedarf beschränkt haben, schien der freie Raum unerschöpflich. Dann kam die Industriegesellschaft des 19. Jahrhunderts, gefolgt vom Phänomen des Tourismus. Nicht nur die Lebensweise änderte sich, auch die Bergwelt wurde nach und nach kolonisiert.

Der vertikale Raum blieb lange Zeit von dieser Logik verschont. Erst die Bergsteiger – oder genauer gesagt – die Anhänger eines fälschlicherweise als »sportlich« bezeichneten Kletterns, beschlossen mangels tiefgreifenderer Motive für ihr Handeln, diese Welt für sich zu erobern. Das Auftauchen batteriebetriebener Bohrmaschinen auf dem Markt begünstigte diese Entwicklung und erlaubte, Verankerungen anzubringen, die der »Sicherung« ihren improvisierten Charakter nahmen. Allein der optische Eindruck dieser Ausrüstung läßt den beschränkten Charakter eines Konzepts erkennen, das von nichts anderem beherrscht wird als dem Gedanken an die Aneignung des Raumes.

Den Lebensraums der Tiere zu erhalten, hat sich der Mensch weder in den Bergen noch in der Ebene häufig bemüht, wenn sie ihm nicht von direktem Nutzen gewesen sind. Ziegen, Schafe und Kühe schienen nur dazu geschaffen, ihm Milch oder Wolle zu liefern. Nie erschien ihm eine Gemse schöner, als im Visier seiner Büchse. Das freie Tier konnte in der Bergwelt nur so lange Zuflucht finden, wie diese nicht entscheidend eingeengt worden ist. Die Zugvögel, ziehen heute die fast unbewohnten Täler des Berard- und des Diosaz-Flüßchens dem breiten, verbauten Tal von Chamonix vor. Fühlt sich unsere Gesellschaft nur in Zeiten existentieller Krisen für das Überleben der Tierarten verantwortlich? Mit der Einrichtung von Nationalparks wie dem des Gran-Paradiso, großer und zahlreicher Naturschutzgebiete in Hochsavoyen sowie der eidgenössischen Banngebiete im Wallis reagieren die Staaten, um das Gleichgewicht im Alpenraum zu stabilisieren. Menschen und Tiere werden dort ihr Auskommen finden, wenngleich eine Selbstbeschränkung des Menschen in der Raumnutzung sich kurzfristig durch scheinbare Einnahmeverluste bemerkbar macht. Den Maßnahmen zum Schutz bedrohter Gebiete im Hochgebirge, die sich ursprünglich am Respekt vor der Natur orientiert haben, werden wieder subjektivere Maßstäbe zugrunde gelegt, die den Begriff »wilderness« beinhalten.

»Wir träumten manchmal von Einsamkeit, Stille und «wilderness» – einem englischen Begriff, der das Bild weiter und unberührter Natur heraufbeschwört, der sehr schwierig zu übersetzen ist, jedoch so viele Nuancen enthält, in dem eine gewisse Melancholie mitschwingt, die durch den Geruch der Luft hervorgerufen wird, durch das Farbenspiel auf Schnee, Felsen und Moränen und weiter unten auf dem Gras, die auch durch verschwimmende, noch den letzten Lichtschimmer haltende Konturen verursacht wird.« (Gaston Rébuffat, Les horizons gagnés). Die Vorstellung von »wilderness« war in eine vorbereitende Studie für das Naturschutzgebiet um den Montblanc eingeflossen. Um gewisse Partner nicht zu verschrecken, wurde der Begriff dann wieder aus den offiziellen Unterlagen gestrichen. Haben die Savoyarden, Walliser oder die Aostataler etwa Angst vor der Leere? Oder drückt sich darin die Furcht des Menschen aus, der Natur allein gegenüberzustehen, weil er den Kontakt zu ihr allmählich verloren hat?

Aiguille du Pouce

Pointe und Lac d'Anterne

 Pic du Tenneverge

Salvagny

»Vor noch gar nicht langer Zeit erledigten die Menschen alle Arbeiten von Hand. Die Mechanisierung der Landwirtschaft war begrenzt, das Gefälle stellte nicht unbedingt ein Hindernis dar, jedes Stückchen Ackerland bedeutete ein Vermögen« (Roger Isoard, »Habiter la montagne«, Editions La Manufacture). Kann ein Bewohner des Flachlands den Begriff »Steilhang« überhaupt verstehen? In Saint-Gingolph am Ufer des Genfer Sees steht der Puls des Lebens im Winter beinah still; fünf Monate lang tiefe Schatten werfend, lastet der Berg über dem Ort. Über Sixt und dem Talkessel des Fer à Cheval, nach der Heuernte auf dem Grand'Vire, warfen die Bauern früher die Heuballen über den Felsabsturz. Das war der einfachste Weg ins Tal tausend Meter tiefer. An den Hängen von Beaufort bis Boudin zeugen die unsymmetrisch gebauten Savoyer Bauernhäuser von der Anpassung der Bergbewohner an ihre Umgebung.

Der Steilhang erfreut sich am Spiel des »Dr. Jekyll und Mr. Hyde«. Mal lächelnd, dann wieder aggressiv, zeigt er den Menschen nach Belieben ein freundliches Gesicht oder eine launische Grimasse. Jahrhundertelang hat der Mensch akzeptiert, daß er sich seinem Willen beugen mußte. Das Antlitz der bewohnten Alpengegenden spiegelt diese Anpassung in all ihren Feinheiten wider. Victor Hugo fiel über die »Idioten der Alpen« her; der Altmeister der Literatur versäumte es jedoch, die im Bild einer Kulturlandschaft wie dem Beaufortin versammelte Klugheit zu erkennen. Im Kontrast von Schatten und Licht, wechselnd zwischen sanften Hügeln und rauhen Steilwänden, verdeutlichen die Savoyer Voralpen – von der Aravis-Kette bis zum Chablais – was Relief bedeutet. Ihre Schönheit entschädigt die Menschen für die Nachteile der Hänge.

 Abondance (Chablais): Kühe

Cime de l'Est : Ostgipfel der Dents du Midi

Wasserfall von Arpenaz

WASSER

Mehr als 90 % der insgesamt etwa 10 000 Kilometer langen Alpenflüsse sind gebändigt worden. Die wenigen, die auf mehr als zwanzig Kilometer in ihrem natürlichen Bett fließen, lassen sich an zwei Händen abzählen. Mit dem Ziel, Komfort und Lebensqualität zu steigern, veränderte die durch Wasserkraft erzeugte Elektrizität im 20. Jahrhundert Landschaft und Gleichgewicht der Natur auf beiden Seiten der Walliser Alpen ebenso tiefgreifend wie in den Nebentälern des Valle d'Aosta. Die Städter profitierten davon und manchen Berggemeinden eröffneten sich im Augenblick der Landflucht willkommene Einnahmequellen. Die Landschaft, durch Stauseen verändert, hat sich damit abgefunden. Das Wasser aus den Bergen, früher lediglich Lebensquell, hat sich in einen abbaubaren Bodenschatz wie Kohle, Erdöl oder Uran verwandelt.

Die Alpen, »Wasserturm Europas«, sind noch immer das Hauptreservoir für reines Trinkwasser, wie die Werbesprüche der Mineralquellen vom Chablais bis zum Unterwallis betonen. Es ist schon ein eigenartiger Widerspruch, daß ausgerechnet die Qualität des in verkapselten Flaschen abgefüllten Wassers gerühmt wird, das aus den höchsten Regionen einer bisher von Industrieschlamm und Überdüngung verschonten Gegend stammt. Die Bändigung des Wassers in den Alpen folgte jedoch nicht rigoros der moder-

Johnson
"ALF"

Grivola, Gran Paradiso

 Val de Gressonnay, Madame Girod

EINFLÜSSE

Ein so großer und verschiedenartiger Raum wie die Alpen mit seinem zerklüfteten Relief, das während vier oder fünf Wintermonaten mit Schnee bedeckt ist, begünstigt auf den ersten Blick den Austausch zwischen den verschiedenen, ihn bevölkernden Gemeinschaften keinesfalls. Eine oberflächliche Analyse ließe vermuten, daß ein Mosaik aus lokalen Sprachen und mundartlichen Eigentümlichkeiten früher den Mißklang im Dialog zwischen Nachbartälern bestimmt hätte. In den Westalpen entstand jedoch schon sehr früh eine relative linguistische Einheit auf der Grundlage des Frankoprovenzalischen. Das Alemannische, das sich ab dem 12. Jahrhundert phasengleich mit dem Vordrängen der Walser-Völkerschaften verbreitete, endete hundert Kilometer westlich des Rhone-Gletschers. Nach dem Anschluß Savoyens an Frankreich ersetzte Italienisch die piemontesische Sprache und verdrängte das Frankoprovenzalische aus dem Aostatal. Die alte nordfranzösische Sprache setzte sich hingegen in Savoyen ebenso durch wie im gesamten französischen Gebiet.

Die Entwicklung erst der gesprochenen, dann der Schriftsprache im Alpenraum ist bezeichnend für die schwierigen nachbarlichen Beziehungen zwischen Bergwelt und flachem Land und für die fortschreitende Herrschaft der Ebene über die Höhenräume. So deutlich wie in einem zentralistisch strukturierten Staat wie Frankreich vollzog sich die sprachliche Kolonisierung nicht überall in den Alpen. Davon zeugt der Widerstand Südtirols gegen die italienische Sprache oder gegen das Fortbestehen der slawischen oder rätoromanischen Sprachen in den Ostalpen: Romantsch herrscht in einem Teil Graubündens vor, Slowenisch im nordwestlich gelegenen Staat des ehemaligen Jugoslawien.

In den Walliser Hochalpen, die sich über schweizerisches und italienisches Gebiet erstrecken, kreuzten sich die Wege der Hauptkulturen des Alpenbogens. Die kulturelle Grenze, die knapp ostwärts von Sierre (Siders) quer durch das Rhonetal verläuft, entspricht dem weitesten Vordringen der alemannischen Völkerschaften, die im 8. Jahrhundert aus Nordeuropa aufbrachen und deren Wanderschaft sich ein halbes Jahrtausend lang fortsetzte. Die Walser bevölkerten auf diese Weise die östliche Hälfte des gegenwärtigen Kantons Wallis. Sie hatten jedoch auch, teilweise nach gewaltsamer Eroberung, ebenso Siedlungen um Sion gebildet, wie im Val d'Hérens bis nach Vallorcine und in die entlegensten Täler der Giffre und des im Chablais verlaufenden Teilstückes der Dranse. Sie überschritten den Alpenhauptkamm und ließen sich im Gressoney-Tal, am Fuße des Monte Rosa, nieder.

Das Zusammenleben der Walser mit den Einheimischen des oberen Rhonetals hatte vielerlei Ablehnung hervorgerufen. Daraufhin sahen sich die Walser zu einem Rückzug nach Osten gezwungen, der zu einer bemerkenswerten, zweihundert Jahre dauernden Wanderungsbewegung ins Innere des Alpenraumes führen sollte. Sie ließen sich im Hinterrheintal und in Gebieten nieder, die wie Graubünden unter romanischem Einfluß geblieben waren. Sie zogen weiter bis zum Arlberg und nahmen ihre Sprache, ihre Traditionen und eine Kultur mit, die von der Wasserkanalisierung bis zum Brückenbau reich an technischen Neuerungen war. Die berühmte Teufelsbrücke, die bei Schöllenen über die Schlucht der Reuß führt, könnte gut ihr Werk sein. Der sogenannte Walserweg, der über mehrere hundert Kilometer zwischen dem Wallis und Graubünden verläuft, erinnert den modernen Touristen an das Walser-Epos.

Die Religionskriege des 16. und 17. Jahrhunderts trugen keineswegs zu einer Annäherung der verschiedenen Talschaften bei, sondern suchten sie im Gegenteil schwer heim. Das zwischen Reform und Gegenreform, zwischen Berner Besetzung und Rückgabe an das Herzogtum Savoyen hin- und hergerissene, nur wenige Meilen vom calvinistischen Genf entfernte Chablais wurde schließlich davon überzeugt, im Schoß der römisch-katholischen Kirche zu verbleiben. Die von der herzoglichen Armee unterstützten Predigten Franz von Sales machten dem Abenteuer ein Ende. Eine Analyse des Glaubenskampfes zeigt, in welchem Maße das Gebirge bereits unter Ludwig XIII. dem Einfluß der Ebene ausgeliefert war. Eine Berggemeinschaft freilich verstand es, der Intoleranz der französischen Könige die Stirn zu bieten. Es handelt sich um die piemontesischen Waldenser, deren Name auf den gewaltlosen Lyoner Reformator Pierre Valdo zurückzuführen ist. Aus ihren Tälern auf Befehl Ludwigs des XIV. vertrieben, flüchteten sich die Waldenser ans Nordufer des Genfer Sees, von wo sie ihre Rückkehr in die Heimat organisierten.

Die vom 16. bis zum 24. August 1689 dauernde Rückkehr wurde ein Erfolg. Der von Henri Arnaud angeführte tausend Mann starke Zug brach von Prangins bei Nyon auf und bahnte sich über die Savoyer Hochtäler einen Weg bis nach Prajelas im Cluzon-Tal. Sie nahmen Adlige als Geisel, um ihren Vormarsch abzusichern, und folgten den Linien der Bergkämme, um Siedlungen zu vermeiden. Nach dem Mont Cenis erfolgte die dramatische Überquerung der Dora Riparia, die vierhundert französischen Soldaten das Leben kostete, während die Waldenser weniger als hundert Tote auf dem Schlachtfeld zurückließen. Die »Chronik der ruhmreichen Rückkehr der Waldenser« sollte jedoch keine Fortsetzung mehr finden. Das unselige Hin und Her der Allianzen zwischen Frankreich und dem Piemont verjagte die auf Unabhängigkeit bedachte Glaubensgemeinschaft erneut von neuem, diesmal ohne Hoffnung auf eine Wiederkehr.

Einmalig sind die Wanderungen von Bergvölkern fast nie gewesen. Meist waren sie vom jahreszeitlichen Rhythmus geprägt. Nicht so sehr der Reiz der Ebene oder der Städte löste sie aus, sondern vielmehr die schiere Notwendigkeit einer Nebentätigkeit: dem Sammeln von Nahrungsmittel für den Winter oder dem Sichern des empfindlichen Gleichgewichts der Bergfamilien mit Hilfe einer externen Erwerbsquelle. So entstand der Beruf des Hausierers, der seine Savoyer oder Walliser Vertreter Richtung Bayern, in die Lombardei oder die Ile de France führte. Der wirtschaftliche und kulturelle Austausch dauerte vier bis sechs Monate; im Frühling kehrten die Saisonauswanderer wieder heim. Die Anbindung Savoyens an das Napoleonische Reich sollte den unwiederbringlichen Niedergang auch dieser Tätigkeit einleiten. Trotzdem war das Überschreiten der großen Alpenpässe niemals nur den Bergbewohnern vorbehalten.

Von der Jungsteinzeit bis in unsere Tage blieben die Wanderungen über die Alpen den großen Gesetzen des Handels und der Militärstrategie unterworfen. Als Rom zu seiner Blütezeit beschloß, Gallien zu erobern, bevorzugten die Römer die Pässe des Großen Sankt Bernhard oder des Mont Cenis gegenüber dem Küstenkorridor des Mittelmeeres. Zu ihrer Überraschung fanden die römischen Feldherren offene Übergänge zwischen den Tälern des Piemont und dem Rhonegraben. Der Mythos der Alpen als Sperre ließ sich seither nicht mehr halten. Immer wieder im Laufe der Geschichte hat der menschliche Wille durch das Relief gegebene Zwänge überwunden. Die Heerzüge – ob friedlich oder angriffslustig – sollten sich ihren Weg bahnen, ohne die Völkerschaften zu beachten, die entlang der großen alpinen Transitachsen lebten. Der heute von Wirtschaftsstrategen auf die Berge gerichtete Blick scheint sich kaum geändert zu haben.

Ab 1850 ersetzte der Zug die Postkutsche und eroberte die Täler. Bei Fréjus und am Simplon, am Montblanc, am Gotthard, am Arlberg und am Brenner wurden Tunnel gegraben, die den Handel über die Alpenkette erleichterten. Die Bergbewohner haben so die Beziehungen zu ihren Nachbarn ausgeweitet, ohne deshalb an Entscheidungen beteiligt worden zu sein: Die Regionalplanung war Sache von Fachleuten. Dann übernahm die Straße die Führung; mit vielen Autobahnen und stattlichen Tunnels stürmte sie die Pässe und bahnte sich unter dem trügerischen Vorwand einer besseren Verkehrsanbindung ihren Weg. Am Ende des 20. Jahrhunderts sind die Alpen schlicht zum Spielball der europäischen Transportindustrie geworden.

Bis zum Ende des Mittelalters zwangen die schwierigen Lebensbedingungen auf der Höhe die Bergbewohner zur Selbstversorgung; später wurden sie mit zunehmender Entwicklung des Handels immer abhängiger von der Ebene. Die Alpen sind kein sicherer Zufluchtsort mehr und als Hindernis haben sie niemals eine Rolle gespielt; bestenfalls bremste die Geländestruktur die Ausweitung städtischen Einflusses. Das Festhalten an Grund, Boden und Lebensart widersteht der solide in der Ebene verankerten Wirtschafts- und Finanzkraft nicht. Der moderne Exodus hat die Täler ihrer lebendigen Kraft, besonders ihrer führenden Köpfe beraubt; eine spezifische Identität ist im Aussterben begriffen. Sollte eine wirtschaftliche sowie kulturelle Isolierung etwa wünschenswert sein? Und verheddern sich diejenigen, die im Arvetal von Autonomie träumen, denn nicht in ihren eigenen Widersprüchen?

Glücklicherweise gestaltet sich die Entwicklung des Austauschs mit der Außenwelt vielseitiger und beschränkt sich nicht mehr ausschließlich auf die Lastkraftwagen; auch die Früchte geistiger Arbeit zirkulieren von unten nach oben. Die jahreszeitlich bedingte oder endgültige (Ab-)Wanderung ändert ihre Richtung. In kleinen Schritten wandelt sich das Bild der Alpen. Bauern, Kristallsucher, Männer – Jäger und Bergführer zugleich –, die hundert Jahre lang dem Sirenengesang des Stadtlebens erlagen, werden durch städtische Bergführer, pensionierte Führungskräfte und enttäuschte Studenten ersetzt, die alle von den verschiedensten Formen der Rückkehr zur Natur begeistert sind. Diese neue Generation, die aus dem immer verschmutzteren Flachland einwandert, möchte den Wert der Berge als Zufluchtsort erhalten. Wird sie von den Einheimischen besser akzeptiert werden, als seinerzeit die Walser? Wird sie dem Versuch kultureller Inquisition aufgrund ihrer wirtschaftlichen Stärke besser standhalten als die Waldenser um Henri Arnaud? Vielleicht liegt die Antwort in der Leidenschaft, mit der unser Blick über die Gipfel schweift.

 Monte Emilius – Aostatal

Bis in die jüngste Vergangenheit war der Alltag im Wallis verwoben mit originalgetreuen oder phantasievoll ausgeschmückten Geschichten, die von unseren Ahnen mündlich an spätere Generationen weitergegeben wurden. Der beschleunigte Lauf der Geschichte schien den Legenden zwangsläufig ein Ende zu setzen. Dank einer Initiative von »Télévision suisse romande«, des Fernsehens der französischen Schweiz, wurde 1982 eine Bearbeitung von Erzählungen veröffentlicht, die an deren Quellen – nämlich im Val d'Anniviers, im Val d'Hérens und anderen Orten der Walliser Alpen – gesammelt worden waren. Über diese in Vergessenheit geratenen Geschichten heißt es: »Heute anachronistisch geworden, existieren diese Geschichten nur noch im hintersten Winkel des guten Gedächtnisses einiger Zeugen einer Vergangenheit, mit der diese Sagen eng verbunden waren.«

Im Mittelpunkt der von Philippe Grand und Christine Détraz zusammengetragenen Erzählungen steht unumstritten der Berg. Viele dieser Legenden spielen auf Almen und Maiensäßen. Es fällt nicht schwer, sich vorzustellen, daß die Einsamkeit einer, in der provisorischen Sommerunterkunft versammelten Familie sich bei Anbruch der Nacht in Angst verwandelte. Spielte die Alm im Gebirge nicht eine ähnliche Rolle wie der Wald in

Alm bei Cotter, Dents de Vésivi

TEMPO

Gasenried

PHOTOGRAPHIEN:

JEREMY BALCAM: Seite 4, 5, 17, 20, 27, 30, 33, 37, 41, 42, 48, 49, 50, 51, 54, 56, 57, 61, 62, 66, 68, 69, 72, 73, 75, 77, 80, 83, 84, 85, 86, 87, 92, 94, 95, 96, 100, 101, 103, 105, 107, 108, 109, 112, 113, 114, 115, 120, 121, 122, 123, 124, 125, 132, 133, 134, 135, 140, 146, 150, 157, 159, 160, 163, 164, 165, 166, 167.

MICHEL FERRER: Seite 2, 6, 7, 8, 18, 19, 21, 22, 23, 24, 25, 26, 28, 29, 31, 32, 36, 38, 39, 40, 43, 44, 45, 52, 53, 55, 58, 59, 60, 63, 64, 65, 67, 70, 71, 74, 76, 81, 82, 88, 89, 90, 91, 93, 97, 102, 104, 106, 116, 117, 118, 119, 126, 127, 128, 136, 137, 138, 139, 144, 145, 147, 148, 149, 151, 152, 153, 154, 155, 156, 158, 161, 162.

BILDLEGENDEN DER DOPPELSEITEN:

Seite 4/5: Montblanc, Mont Maudit, Montblanc du Tacul

Seite 84/85: Montblanc-Massiv

Seite 166/167: Matterhorn

Titel der französischen Originalausgabe:
Les Alpes

2. Auflage 1996
Redaktion: Petra Sparrer, Verlagsgruppe Fink-Kümmerly+Frey GmbH, Ostfildern
Übersetzung aus dem Französischen: Ute Parzich, München
Gestaltung des Schutzumschlags: Isabel Müller, Büro Seufferle, Stuttgart

Layout: Marie Lauribe
Satz: Buchmacher Bär, Freising
Produktion: Hubertus Hepfinger, Freising
Reproduktion: Publi-Action/Igara, Spanien
Druck: Danona Coop, Oyarzun, Spanien
Verarbeitung: Cibensa, Vitoria, Spanien

ISBN 3-7718-0722-0

FRANCE
LAUSANNE
GENÈVE
Léman
Vaud
Fribourg
Freiburg
Fribourg/Freiburg
Yverdon-les-Bains
Morges
Nyon
Thonon-les-Bains
Evian-les-Bains
Vevey
Montreux
Monthey
Martigny
Annemasse
Annecy
Chambéry
Aix-les-Bains
Albertville
Moûtiers
Chamonix-Mont-Blanc
Mont Blanc
Bonneville
Cluses
Sallanches
Megève
Pontarlier
Champagnole
St-Claude
Rumilly
Payerne
Romont
Bulle
Aigle
Bex
Sion
Valais
Courmayeur
Aosta
Cran-Gevrier
Carouge
Lancy
Onex
Meyrin
Vernier
St-Julien-en-Genevois
Divonne-les-Bains
Gex
Ferney-Voltaire
La Roche-sur-Foron
Taninges
Bourg-St-Maurice
Pully
Renens
Prilly
Lac de Joux
Lac du Bourget
Lac d'Annecy